CONTRIBUTION A L'ÉTUDE

DES

INDUSTRIES DE LA PIERRE

DANS LA

RÉGION DES HAUTS-PLATEAUX TUNISIENS

STATION DE SIDI-MABROUK PRÈS THALA

PAR

Ch. BOYARD

Membre de la *Société Préhistorique française*
et de la *Société des Sciences historiques et naturelles de Semur.*
Instituteur public, Nan-sous-Thil (Côte-d'Or).

Sixième Congrès préhistorique de France,
Session de Tours, 1910 (P. 462 à 468).

LE MANS
IMPRIMERIE MONNOYER
12, PLACE DES JACOBINS, 12
—
1911

Contribution à l'étude des industries de la Pierre dans la région des Hauts-Plateaux Tunisiens : Station de Sidi-Mabrouk, près Thala.

PAR

Ch. BOYARD (Nan-sous-Thil, par Précy-sous-Thil, C.-d'Or).

Membre de la *Société Préhistorique française*
et de la *Société des Sciences historiques et naturelles de Semur.*
Instituteur public, Nan–sous-Thil (Côte-d'Or.

La question des industries lithiques des gisements tunisiens figure depuis plusieurs années à l'ordre du jour des Congrès préhistoriques. Une circonstance particulière me permet d'apporter aujourd'hui ma modeste contribution à l'étude de cette intéressante et riche région.

Les objets que je présente ont été recueillis dans la région des Hauts-Plateaux, à Sidi-Mabrouk, près Thala. Sidi-Mabrouk est le siège d'une exploitation minière de calamine; et l'un des copropriétaires de ces mines et leur administrateur-délégué, M. Gaston Roberdet, de Tunis, un de mes proches, a recueilli lui-même, à ma demande, tous les vestiges de l'Age de la Pierre, que les travaux d'exploitation ont permis de rencontrer.

Les pierres et silex taillés m'ont été adressés ensuite par centaines et sans tri préalable. J'ai donc reçu, non pas seulement des pièces de choix, mais un outillage complet, dont l'ensemble, des plus intéressants, donne une idée générale précise de l'industrie lithique de la région, à l'époque néolithique.

DESCRIPTION DU GISEMENT. — A ma demande, M. Gaston Roberdet, fils, m'a envoyé la description suivante du gisement, que je reproduis textuellement :

« La région de Sidi-Mabrouk, siège actuel d'une exploitation minière, qui l'occupe en partie, peut être évaluée approximativement à six mille hectares, dont environ moitié en forêt de pins.

« Le nom est donné par un illustre marabout, dont le tombeau, importante construction de pierre, est un but de pélerinage assez fréquenté.

« En passant, il est bon de remarquer que le mot « Mabrouk » signifie, en arabe, « bonheur parfait », « réalisation du bonheur », et est aussi donné comme prénom sous la forme « Mabrouka », à un grand nombre de femmes arabes, et cela pour leur porter bonheur.

« Maintenant, est-ce le marabout, mort depuis très longtemps, qui portait ce nom, vulgarisé ensuite, ou bien l'avait-il adopté comme surnom, avec le sens qui le caractérise ? Un grand nombre d'indigènes, consultés à ce propos, n'ont pas donné de réponse satisfaisante.

« Sidi-Mabrouk est situé à égale distance de deux gares ; au nord, Kalaa-Djerda, à 40 kilomètres (340 de Tunis), au sud, Sbeïtla, 42 kilomètres (environ 350 de Tunis). L'arrivée par Kaala-Djerda est seule praticable, car Sbeïtla est séparé de Sidi-Mabrouk par de nombreuses montagnes ; et aucune piste réellement bonne n'existe de ce côté. Au contraire, par Kaala-Djerda, l'accès est relativement facile.

« Le point de repère pour toute la région est un arbre de la forme d'un champignon, isolé au sommet de la plus haute montagne (1.200 mètres environ). Cet arbre-signal est visible de très loin à la ronde. Les Arabes lui attribuent certaines propriétés, particulièrement la faculté de guérir quelques maladies. Aussi trouve-t-on autour de ce pin un grand nombre d'offrandes indigènes.

« Au bas de ce mont, une élévation est exactement à la côte 1000, et enfin à environ 960 mètres d'altitude, s'étend un grand plateau boisé en partie. C'est là que nous trouvons la station.

« NATURE DU TERRAIN. — La région est presque entièrement composée de calcaires blancs ; et les grès tendres que l'on rencontre sur une longueur et une largeur d'environ 12 kilomètres, ne sont qu'un remplissage dont on peut évaluer la profondeur à 100 mètres environ. L'exploitation minière, citée plus haut, est au contact des calcaires et des grès.

« Ces grès offrent, à un certain endroit, deux renflements parallèles de tuf. Ces deux petits coteaux, d'une hauteur de dix mètres environ, ont l'un et l'autre une longueur d'environ 200 mètres. L'espace qui les sépare est de 80 mètres.

« Ce vallon peut être plus exactement nommé clairière, car il est entouré de tous côtés par la forêt de pins. Son exposition est nord-sud. Au nord, il est garanti des vents par le mont de l'arbre-signal et sa chaîne ; mais, du sud, le vent du désert souffle directement sans autre atténuation que la forêt.

« C'est dans ce vallon que les silex taillés, dont la description sera faite plus loin, ont été trouvés. Aucune recherche n'a été faite sur d'autres points du voisinage.

« Cette région est actuellement particulièrement sèche. Seul un puits romain, d'une profondeur de 30 mètres, fournit chaque jour trois à quatre mille litres d'eau. Mais la présence de nombreuses ruines romaines et le lit desséché d'une rivière, passant à 25 mètres du puits, indiquent qu'il n'en a pas toujours été de même, et qu'à l'époque romaine l'eau ne manquait pas. A plus forte raison, en remontant aux temps néolithiques, il est probable que l'eau abondait sur le plateau de Sidi-Mabrouk. C'est ce qui semble résulter du moins de l'existence de la station. »

INDUSTRIE LITHIQUE. — Toutes les pièces ont été recueillies à la surface, dans un espace très restreint, de quelques mètres carrés ; la grande quantité d'objets trouvés porte à penser que le gisement est des plus riches.

D'autres recherches vont d'ailleurs être faites.

Les arêtes ne sont pas émoussées, mais, pour la plupart, vives et tranchantes ; quelques pièces seulement ont le poli caractéristique des plages et des sables du désert.

Une belle et légère patine d'un blanc-jaunâtre, recouvre la presque totalité des pièces ; seules les pièces polies par frottement sont recouvertes d'un beau vernis jaune, rouge et brun.

La patine n'est pas la même sur les deux faces ; elle n'existe pas ou est exrêmement claire sur la face qui reposait sur le sol.

La matière première est le silex pyromaque, dont la teinte varie du blond clair au brun foncé, ou la quartzite.

Une dizaine de pièces à formes géométriques rappellent le Tardenoisien ; deux ou trois belles lames ont un faciès magdalénien.

Toutes les autres pièces appartiennent au Néolithique. Aucune pièce n'a été polie ni préparée pour le polissage (1).

Parmi les échantillons qui figureront sur les planches et dont la description sera faite, on peut citer des pointes de lances, des flèches, deux poignards, des grattoirs-disques très retouchés, des grattoirs à coches de toutes dimensions, nombreux, ce qui indique que l'os était très employé ; de nombreux percuteurs de formes variées, des scies, petites et grandes, des rabots, des coins, des perçoirs, etc. ; enfin des instruments dont la destination est assez difficile à définir.

Deux ou trois pièces seulement rappellent la forme élégante des flèches signalées par M. A. Doigneau, au Congrès d'Autun. Toutes les autres, bien que finement retouchées, conservent une forme assez commune.

---

(1) M. Ernest CHANTRE, que j'ai consulté à ce sujet et qui a visité et étudié différentes stations du Sud Tunisien, pense que les gisements de la région de Sidi-Mabrouk doivent être la suite de ceux de Gafsa et de Redeyeff. *(Note ajoutée pendant l'impression.)*

Une des pièces les plus intéressantes est une sorte de géode naturelle, en silex, très retouchée sur toutes ses faces, à pieds inégaux, dont l'assise peut être horizontale, de façon à retenir la plus grande quantité de liquide possible, ou inclinée, pour faire écouler le liquide. Cette pièce a dû servir de lampe ou de petit mortier.

Toutes les pièces sont bien en main et d'un maniement facile. Les Néolithiques de Sidi-Mabrouk préféraient la commodité de l'outil à l'élégance de la forme.

*
* *

Dans le courant du mois de septembre 1910, des ossements humains, vraisemblablement néolithiques, ont été trouvés à proximité du gisement de Sidi-Mabrouck, dans les circonstances suivantes.

Pour loger les ouvriers arabes ou italiens qui travaillent dans la mine de calamine, on creuse, dans le renflement de *tuf*, des grottes ou *damous*. Vers le milieu de septembre, un nouveau damous fut rendu nécessaire par l'accroissement du nombre des mineurs.

L'ingénieur, M. Laporte, choisit l'emplacement, et laissa aux futurs occupants le soin de creuser leur demeure. Ces derniers, des Arabes, remarquèrent que le terrain était très friable et paraissait avoir été déjà remué ; mais, se contentant de peu de surface et de volume, ils ne poussèrent pas bien loin le déblaiement. Bientôt tous les habitants du damous tombèrent malades; et l'ingénieur pensa avec raison que l'exiguité du logis était la seule cause de ce mauvais état sanitaire. Il fit creuser davantage, dirigea et surveilla les travaux, au cours desquels de nombreux ossements humains furent mis à découverts sous ses yeux. Il les recueillit tous avec soin, après avoir noté les particularités de la trouvaille.

Ces ossements me seront prochainement expédiés. Ils seront déterminés par un spécialiste. Mais les renseignements qui m'ont été adressés me font croire qu'on se trouve en présence d'inhumations néolithiques.

Cette découverte augmente encore l'intérêt qui s'attache à la station de Sidi-Mabrouk; aussi je reviendrai sur ce sujet au prochain Congrès (1).

1) Note ajoutée pendant l'impression.

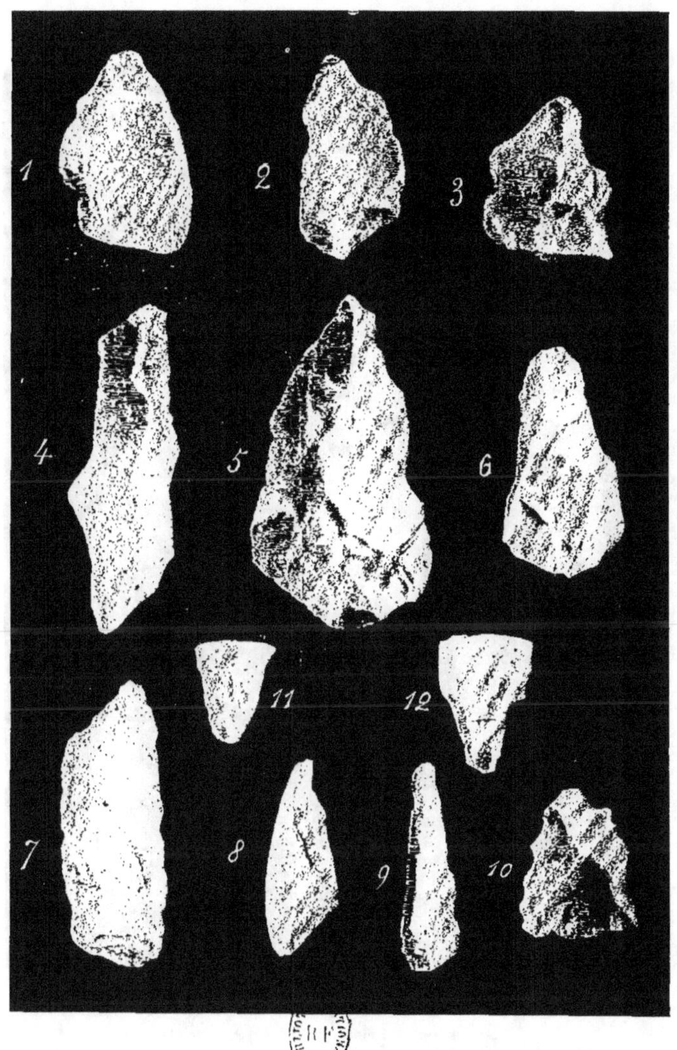

PLANCHE I. — Pointes de Lances. Poignards.

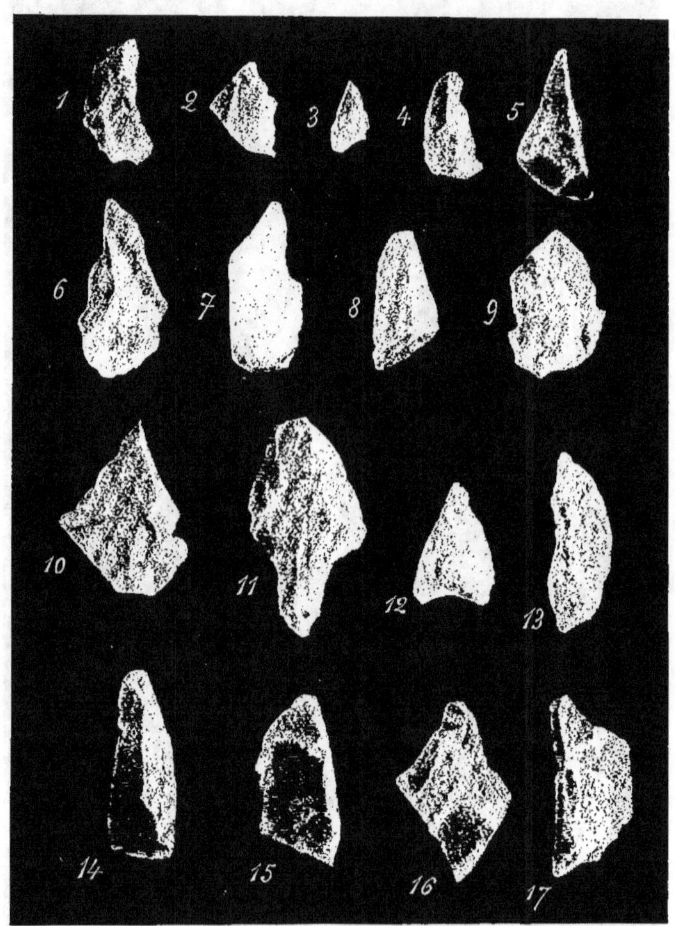

PLANCHE II. — Pointes de Flèches et Javelots.

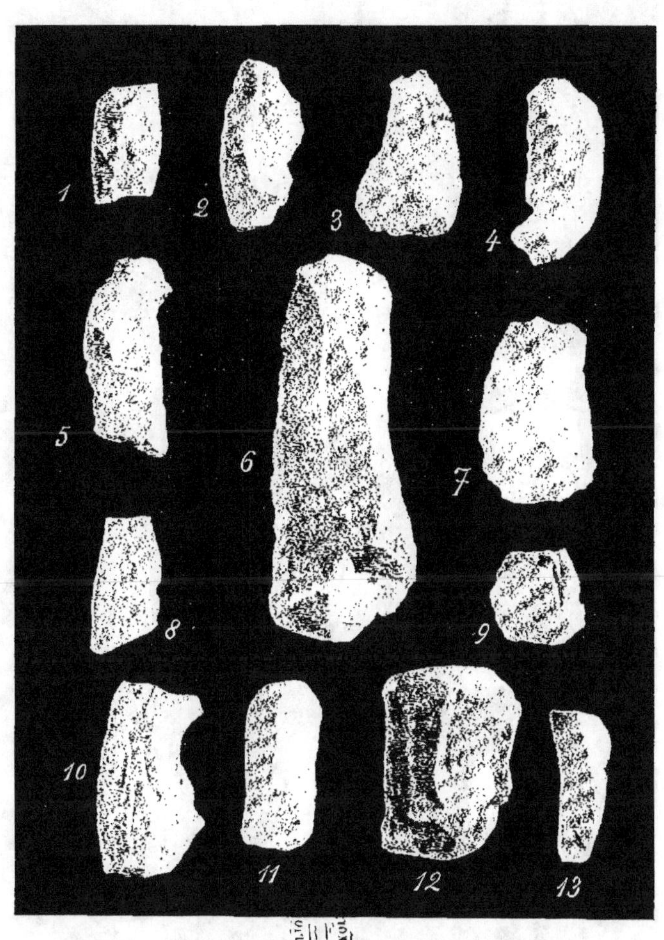

Planche III. — Scies, Ciseaux et Coin.

PLANCHE IV. — Grattoirs, Perçoirs, Tranchets.

Ch. Boyard.

***

STATION DE SIDI-MABROUK (HAUTS PLATEAUX TUNISIENS).

Description des Planches et Figures.

Nota. — Toutes les figures sont reproduites en demi-grandeur naturelle.

Planche I. — *Pointes de Lances et Poignards.*

Fig. 1. — Pointe de lance à base en biseau, avec coche latérale pour faciliter la ligature. Pointe cassée. Silex à patine blanc jaunâtre.

Fig. 2. — Pointe de lance, base amincie pour l'emmanchement. La face latérale droite est en partie recouverte de la croûte du silex.

Fig. 3. — Autre pointe de lance en silex pyromaque sans patine; base relativement épaisse. Deux coches latérales, droite et gauche.

Fig. 4. — Poignard triangulaire, ou lance. Base à pointe mousse, avec étranglement. Fragment de 0^{m}09 de long; la pièce entière devait avoir environ 0^{m}16 à 0^{m}18. Silex roux peu patiné.

Fig. 5. — Très beau poignard, épais, en silex jaunâtre patiné légèrement. Base bien préparée pour l'emmanchement. Arête médiane non retouchée. La pièce laisse voir un peu de cortex sur le côté gauche. De chaque côté, un cran d'arrêt pour la ligature, avec arêtes adoucies. Arme très robuste et de belle conservation.

Fig. 6. — Pointe de lance en silex gris, à patine jaunâtre. Base épaisse et taillée en biseau.

Fig. 7. — Autre pointe de mêmes matière et patine. Base amincie, avec retouches et crans d'arrêt.

Fig. 8. — Pointe légèrement incurvée. Silex gris patiné blanc. Base épaisse, en biseau.

Fig. 9. — Jolie pointe triangulaire, bien retouchée au talon. Pièce épaisse, légèrement incurvée. Silex blond, patine légère.

Fig. 10. — Pointe triangulaire plate, silex gris, patine jaunâtre.

Fig. 11. — Fragment de pointe, à faciès solutréen rappelant la feuille de laurier, bien retouchée sur les deux faces. Face de dessous presque plane. Silex à patine jaunâtre.

Fig. 12. — Fragment de couteau, large, à pédoncule bien retouché. Silex gris, patine très légère.

Planche II. — *Pointes de Flèches et Javelots.*

Fig. 1. — Pointe de flèche; Silex gris, patine mouchetée; base incurvée et amincie.

Fig. 2. — Flèche triangulaire à base oblique; pointe intacte. Silex gris, patine blanche.

Fig. 3. — Petite pointe de flèche à tranchant transversal; silex gris, patine légère.

Fig. 4. — Flèche à base amincie; silex gris, patine jaune. La pièce porte une partie du cortex au côté gauche.

Fig. 5. — Jolie flèche triangulaire, à base amincie, la face latérale droite, presque verticale. Silex gris, à patine jaune.

Fig. 6. — Pointe de javelot. Silex, patiné fortement en jaune. Même taille, même allure que le numéro un de la présente planche.

Fig. 7, 8 et 9. — Autres pointes de javelot, minces, silex gris plus ou moins patiné. Le n° 9, plus large que les autres, porte sur les deux côtés des coches pour la ligature.

Fig. 10. — Jolie pointe de javelot, losangique, portant sur le côté droit un cran d'arrêt. Au côté opposé et en face, la pièce s'avance en pointe faisant également arrêt. Silex d'une belle patine jaune orangé.

Fig. 11. — Très beau javelot, à pédoncule bien retouché sur les deux faces. La face inférieure « du fer » est plane, sans aucune retouche. La face supérieure est bien retouchée, avec enlèvement de la ligne médiane longitudinale en approchant de la pointe, pour augmenter la pénétration. Épaisseur : 0^m012. Silex gris, tacheté, patine blanche.

Fig. 12. — Jolie pointe, flèche ou javelot, mince, à base concave, acheminement vers les barbelures. Silex gris à patine blanche. A remarquer deux petites coches au-dessous de la pointe.

Fig. 13. — Javelot en croissant; pièce épaisse, presque polie. Le côté convexe est garni de son cortex. Silex, patine jaunâtre.

Fig. 14. — Javelot triangulaire ou ciseau. Silex gris, patine blanche légère.

Fig. 15. — Javelot, silex gris, patine blanche et jaune. Cran d'arrêt à la base.

Fig. 16. — Javelot losangique, silex pyromaque, patine très légère. Le côté inférieur droit est garni de son cortex.

Fig. 17. — Javelot ou lance. Silex gris, patine légère. Côté supérieur droit très tranchant au-dessous de la pointe.

Planche III. — *Scies, Ciseau et Coin.*

Fig. 1. — Fragment de scie à dents très fines. Silex roux, patine jaunâtre irrégulière.

Fig. 2. — Petite scie très fine, à tranchant convexe, avec coche latérale du côté droit. Silex gris, patine blanche.

Fig. 3. — Scie concave, à dos épais garni de cortex. Silex roux, patine jaunâtre. Extrémité cassée.

Fig. 4. — Jolie petite scie à talon, dos convexe peu épais. Silex fortement cachalonné.

Fig. 5. — Autre scie à tranchant convexe. Dos épais avec retouche formant arrêt pour le doigt. Silex.

Fig. 6. — Belle et grande scie droite; épaisseur maximum du dos, 0^m015. Talon aminci pour l'emmanchement. Silex, patine jaunâtre.

Fig. 7. — Scie double, convexe à gauche et légèrement concave à droite. L'extrémité inférieure a dû servir de grattoir. Silex fortement patiné.

Fig. 8 et 13. — Petites scies à dents très fines avec arête médiane longitudinale. Silex. La partie supérieure non active du n° 8 est garnie du cortex de la pierre.

Fig. 9. — Petite scie circulaire dont la partie active n'occupe que la moitié de la circonférence. Dos plus épais avec retouche d'accommodation. Silex, patine légère.

Fig. 10. — Scie convexe assez fine. Le dos porte une retouche faisant arrêt pour le doigt. Silex.

Fig. 11. — Ciseau assez épais et robuste, de forme prismatique. Silex très cachalonné.

Fig. 12. — Cette pièce est unique parmi celle trouvée dans la station. La partie supérieure est épaisse de 0^m027; la partie inférieure, très tranchante. Longueur 0^m050. Elle ne pouvait être emmanchée. Ce n'est pas un tranchet, mais à notre avis un coin pour fendre le bois et l'os. La partie supérieure, encore garnie du cortex de la pierre, porte des traces apparentes d'écrasement résultant de chocs.

Planche IV. — *Grattoirs, Perçoirs, Tranchets.*

Fig. 1. — Belle et large lame rappelant les formes magdaléniennes. Porte à la partie supérieure une retouche d'accommodation. Je ne pense pas néanmoins qu'elle ait servi de tranchet ou de couteau, mais plutôt d'armature de faucille. Silex gris cachalonné.

Fig. 2. — Beau perçoir double d'une facture sûre et fine, à facies solutréen. Silex, patine jaune.

Fig. 3. — Curieux grattoir en silex gris rubané à patine jaune, dos encroûté. La partie inférieure est très finement retouchée. La face latérale gauche porte quatre coches très fines et graduées en largeur; la face droite, deux coches à rainure demi cylindrique, longues de 0^m015. Cet instrument complexe était capable de commencer et d'achever à lui seul le polissage des aiguilles et poinçons en os.

Fig. 4. — Grattoir de forme carénée épais de 0^m008, finement retouché sur tout son pourtour, sauf au talon. Silex très cachalonné.

Fig. 5. — Magnifique grattoir disque de 0^m07 de diamètre bien retouché sur toute la circonférence. La face inférieure est plus plane que la supérieure, celle-ci étant relativement bombée. A remarquer une belle retouche d'accommodation pour le pouce. Silex gris cachalonné avec marbrures rouges.

Fig. 6. — Beau perçoir-grattoir avec belle coche à la face supérieure gauche. Silex, patine jaune.

Fig. 7. — Joli couteau à dos abattu, épaisseur 0^m004. Belle patine brun foncé.

Fig. 8 et 10. — Grattoirs-disques, moins finement retouchés que la fig. 5 de la présente planche. Silex à patine brune pour le n° 8, et blanche, rouge et brune pour le n° 10.

Fig. 9 et 12. — Grattoirs en forme de pointes, à bases assez épaisses; les deux pièces portent à la partie supérieure droite une coche en quart de cercle. Le côté latéral gauche est plus mince et plus tranchant que le droit. Silex patine blanchâtre.

Fig. 11. — Beau tranchet trapézoïde. Silex, belle patine d'un blanc crème. La partie supérieure a été abattue pour l'emmanchement.

Parmi les pièces de la station qui ne figurent pas dans les planches, on peut citer un grand nombre de percuteurs de toutes formes et dimensions, des tranchets, de petits silex tardenoisiens, lames de faucilles, des rabots très volumineux, des lissoirs, etc., et la curieuse lampe décrite plus haut, qui n'a pu être photographiée de façon satisfaisante.

IMPRIMERIE MONNOYER

LE MANS (Sarthe)

www.ingramcontent.com/pod-product-compliance
Lightning Source LLC
Chambersburg PA
CBHW051422060726
47596CB00005B/2320